Nossa Senhora da Boa Morte

Elam de Almeida Pimentel

Nossa Senhora da Boa Morte

Novena e ladainha

EDITORA VOZES

Petrópolis

© 2008, Editora Vozes Ltda.
Rua Frei Luís, 100
25689-900 Petrópolis, RJ
Internet: http://www.vozes.com.br

Todos os direitos reservados. Nenhuma parte desta obra poderá ser reproduzida ou transmitida por qualquer forma e/ou quaisquer meios (eletrônico ou mecânico, incluindo fotocópia e gravação) ou arquivada em qualquer sistema ou banco de dados sem permissão escrita da Editora.

Diretor editorial
Frei Antônio Moser

Editores
Ana Paula Santos Matos
José Maria da Silva
Lídio Peretti
Marilac Loraine Oleniki

Secretário executivo
João Batista Kreuch

Editoração: Fernando Sergio Olivetti da Rocha
Projeto gráfico e capa: AG.SR Desenv. Gráfico

ISBN 978-85-326-3631-7

Este livro foi composto e impresso pela Editora Vozes Ltda.
Rua Frei Luís, 100 – Petrópolis, RJ – Brasil – CEP 25689-900
Caixa Postal 90023 – Tel.: (24) 2233-9000
Fax: (24) 2231-4676

Eu sou a ressurreição e a vida. Quem crê em mim, ainda que esteja morto, viverá.
Jo 11,25

Quem crê no Filho tem a vida eterna.
Jo 3,36

Na terra, somos peregrinos, sempre prontos para partir.
Santo Agostinho

Tu nos fizeste para ti, e nosso coração não pode encontrar descanso senão em ti.
Santo Agostinho

Sumário

1. Apresentação, 9
2. Tradição sobre Nossa Senhora da Boa Morte, 12
3. Novena de Nossa Senhora da Boa Morte, 16
   1º dia, 16
   2º dia, 17
   3º dia, 19
   4º dia, 20
   5º dia, 21
   6º dia, 22
   7º dia, 24
   8º dia, 25
   9º dia, 26

4. Oração a Nossa Senhora da Boa Morte, 28
5. Ladainha de Nossa Senhora da Boa Morte, 29

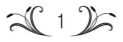

APRESENTAÇÃO

Esta novena é direcionada aos familiares (pai, mãe, irmão(ã), esposo(a) ou filho(a)) de quem está muito doente e para quem, segundo os médicos, todos os recursos da medicina já foram utilizados, sendo, portanto, voltada para os doentes em fase terminal.

Se estamos vivendo uma fase assim, de sofrimento, só a fé pode nos consolar; só através da oração, da conversa com Deus, superaremos este sofrimento, encontrando o consolo necessário. Para quem crê em Jesus, a morte é o começo e não o fim: "Eu sou a ressurreição e a vida. Quem crê em mim, ainda que esteja morto, viverá" (Jo 11,25).

Acreditamos, como Maria, mãe de Jesus, que a morte não é o fim e sim o começo de uma nova vida. Ela acreditou, nunca se desesperou, nunca se revoltou, procurando encontrar forças na oração, ao acompanhar todo o sofrimento de Jesus.

Esta é uma novena de entrega, de súplica a Nossa Senhora para que ela nos ajude a aceitar as nossas limitações, oferecendo todo o sofrimento a Deus, sem revoltas, assim como fez Maria no momento da morte de seu filho Jesus. Não foi possível a Nossa Senhora livrar Jesus da cruz, mas ela o ajudou, com sua presença, a suportar o sofrimento. E é a ela que devemos recorrer quando recursos médicos já não são possíveis e a morte está próxima. Necessitamos da ajuda de Deus para saber discernir se vai ser possível ajudar uma pessoa a lutar para viver ou se devemos prepará-la para a morte.

Nos dias atuais, o câncer, a Aids e outras doenças apresentam alta taxa de mortalidade; não podemos fingir que toda pessoa agudamente enferma vai ser curada. Sempre rezamos para a cura de pessoas queridas, mas também, como cristãos, devemos ajudá-las a lidar com o medo da morte. Não devemos fingir que a pessoa não está morrendo e sim ajudá-la com a certeza de que estar ausente do corpo é estar presente com Jesus, Todo-poderoso.

A morte nos assusta, a nossa morte e a de nossos entes queridos. Esta novena não é para suprimir a dor da despedida, da separação perante a possível ausência das pessoas queridas. Destina-se a auxiliar aqueles que estão com parentes, com amigos em agonia, sem esperança na medicina. A novena exprime a fé em Deus e a esperança no pós-morte, embora também tenhamos nossas interrogações e dor ao pensar na morte.

Nossa Senhora, que assistiu a todo o sofrimento de Jesus, acompanhando-o até sua morte na cruz e que teve uma morte santa, é quem tem melhor condição de consolar-nos nesta fase de separação. Durante toda a nossa vida Deus não nos abandona e permite que Nossa Senhora apresente nossos pedidos a Ele. Ele permite a presença de Nossa Senhora quando alguém a ela se dirige em orações. Assim, nos momentos finais de nossa vida terrena, vamos solicitar a presença de Nossa Senhora, nossa mãe e mãe de Jesus. Eles estarão conosco e com nossos entes queridos. Então, não precisamos temer porque, "se vivemos, é para o Senhor que vivemos e, se morremos, é para o Senhor que morremos. Quer vivamos, quer morramos, pertencemos ao Senhor" (Rm 14,8).

Este livrinho contém a tradição, a novena, a oração, a ladainha e algumas passagens da Bíblia, seguidas de uma oração a Nossa Senhora, acompanhada de um Painosso, uma Ave-Maria e um Glória ao Pai.

2

TRADIÇÃO SOBRE NOSSA SENHORA DA BOA MORTE

Maria, mãe de Jesus, morreu aos 60 anos de idade, tendo sido, antes, comunicada pelo Anjo Gabriel de que ela iria reunir-se ao seu Filho. Os apóstolos, ao saberem que Maria iria morrer, não se conformavam com esta notícia e se lamentavam. Ela consolou-os, lembrando-lhes de que deveriam se conformar com a vontade de Deus.

Ela morreu aproximadamente no ano 42 d.C. e seu corpo foi colocado num sepulcro em Getsêmani, onde, mais tarde, uma pequena igreja foi construída.

Os apóstolos, com exceção de São Tomé, estavam presentes quando Maria morreu. São Tomé chegou três dias depois e, chorando muito, suplicou que o deixassem vê-la pela última vez. Foram ao túmulo e, lá chegando, o encontraram vazio, e, no local, exalava um suave perfume de flores.

Maria não morreu de doença e sua passagem deste para o outro mundo foi denominada pelos antigos Padres da Igreja como "dormição". Devido a sua santa morte (anunciada antes pelo Anjo Gabriel), Nossa Senhora tem sido invocada como protetora dos agonizantes – Nossa Senhora da Boa Morte.

No Brasil, o culto de Nossa Senhora da Boa Morte foi trazido pelos portugueses, localizando-se, primeiro, em São Salvador, onde, na Igreja Nossa Senhora da Saúde e Glória, é venerada uma antiga imagem de Nossa Senhora da Boa Morte, a qual é feita de roca e possui cabelos naturais, doados por devotos.

A devoção a Nossa Senhora da Boa Morte também está presente na cidade de Cachoeira, no Recôncavo Baiano, onde a irmandade da Boa Morte homenageia anualmente sua padroeira, cuja imagem data do século XVII.

Nossa Senhora da Boa Morte também é venerada em Olinda e é considerada pelos devotos como uma das mais milagrosas, pois foi graças a ela que o Convento do Carmo, onde ela se encontra há mais de três séculos, escapou da destruição pelos holandeses em 1630.

Na Bahia, uma confraria de Nossa Senhora da Boa Morte foi instituída pelos jesuítas e a principal finalidade era a adoração perpétua do Santíssimo Sacramento. Esta mesma irmandade foi criada em São Paulo e instalou-se no antigo colégio de Piratininga, no século XVII. Mais tarde, funcionou na Igreja do Carmo e, em 14 de agosto de 1810, a Confraria da Boa Morte edificou em São Paulo o seu próprio templo, o qual existe até hoje.

O primeiro seminário mineiro foi fundado em Mariana, MG, sob a invocação de Nossa Senhora da Boa Morte, em 1750. A imagem de Nossa Senhora da Boa Morte em Mariana é semelhante à imagem de Nossa Senhora da Assunção.

A irmandade de Nossa Senhora da Boa Morte também está presente no Rio de Janeiro (Ordem Terceira de Nossa Senhora da Conceição da Boa Morte). A igreja é pequena, mas, segundo estudiosos, é uma das mais belas do Rio de Janeiro, encontrando-se no seu interior um quadro que representa os últimos momentos da vida de Maria, trabalhado pelo pintor Leandro Joaquim, como ex-voto por haver escapado da morte após ter sido infectado por uma moléstia nervosa ("zamparina"), que se espalhou no Rio de Janeiro em fins do século XVIII.

Nossa Senhora da Boa Morte é um dos títulos de Maria, recebido após a sua morte e coroação no céu. É invocada pelas pessoas gravemente enfermas ou por parentes desses doentes, que pedem a proteção de Nossa Senhora da Boa Morte nesses momentos dolorosos.

Novena de Nossa Senhora da Boa Morte

1º dia

Iniciemos com fé este primeiro dia de nossa novena, invocando a presença da Santíssima Trindade: em nome do Pai, do Filho e do Espírito Santo. Amém.

Leitura bíblica: Ecl 3,1-2
"Para tudo há um momento, há um tempo para cada coisa debaixo do céu. Tempo de nascer e tempo de morrer; tempo de plantar e tempo de arrancar a planta."

Reflexão: A vida na Terra tem um fim. Por isso deve-se vivê-la intensamente, vivendo o presente. A vida é um dom de Deus e não se deve permitir que sentimentos maus venham tirar nossa coragem, desanimando-nos de continuar nossa caminhada. Nossa vida pertence a Deus e só Ele sabe a hora de nascer e morrer de cada ser humano.

Oração: Senhor, a vida é um rio que não pára de correr. Tu és a fonte da vida e a origem do tempo e da eternidade. Ouve, Senhor, e consola aqueles que estão gravemente doentes e breve partirão ao seu encontro. Nossa Senhora da Boa Morte, ajudai-os a reconhecer que não estão sozinhos, que Jesus está com eles em cada instante.

Nossa Senhora da Boa Morte, zelai por... (fala-se o nome da pessoa doente).

Ave-Maria

Pai-nosso

Glória ao Pai

Nossa Senhora da Boa Morte, intercedei por... (fala-se o nome da pessoa doente).

2º dia

Iniciemos com fé este segundo dia de nossa novena, invocando a presença da Santíssima Trindade: em nome do Pai, do Filho e do Espírito Santo.

Leitura bíblica: Sl 23,4

"Ainda que eu ande por um vale de espessas trevas, não temo mal algum, porque tu estás comigo; teu bastão e teu cajado me confortam."

Reflexão: Deus está sempre conosco. Não estamos sozinhos na hora da separação de entes queridos. Aceitar a morte não é fácil, ela é sempre uma grande perda. Mas Jesus é nossa força para continuarmos a caminhada com fé e esperança, passando por uma readaptação ao perder um ente querido.

Oração: Senhor, ajuda-nos a confiar em ti, mesmo na dor. Por meio de Nossa Senhora da Boa Morte, peço-te por... (fala-se o nome da pessoa doente) para que ele(a) perceba a tua presença no meio do sofrimento da doença. Nossa Senhora da Boa Morte, ajuda-o(a) a confiar em Deus. Amém.

Ave-Maria

Pai-nosso

Glória ao Pai

Nossa Senhora da Boa Morte, intercedei por... (fala-se o nome da pessoa doente).

3º dia

Iniciemos com fé este terceiro dia de nossa novena, invocando a presença da Santíssima Trindade: em nome do Pai, do Filho e do Espírito Santo.

Leitura do Evangelho: Mt 28,20
"Eis que estou convosco, todos os dias, até o fim do mundo."

Reflexão: Ninguém melhor que Jesus para compreender nossa dor, nossas lágrimas. Vamos procurar não nos revoltar porque não compreendemos a razão da doença ou da morte. Jesus está presente com o doente, não o deixará sozinho na hora final de sua existência terrestre.

Oração: Senhor, vos pedimos pelas pessoas que se dedicam aos doentes. Dai-lhes paciência e competência necessárias para lidar com os enfermos, transmitindo fé e coragem para eles. Nossa Senhora da Boa Morte ajudai... (fala-se o nome da pessoa doente) a não se desesperar, a não se sentir solitário nesta hora.

Ave-Maria

Pai-nosso

Glória ao Pai

Nossa Senhora da Boa Morte, intercedei por... (fala-se o nome da pessoa doente).

4º dia

Iniciemos com fé este quarto dia de nossa novena, invocando a presença da Santíssima Trindade: em nome do Pai, do Filho e do Espírito Santo.

Leitura bíblica: Is 41,10

"Não tenhas medo, pois estou contigo; não olhes apreensivo, pois eu sou teu Deus! Eu te fortaleço, sim, eu te ajudo; sim, eu te sustento com a minha mão direita vitoriosa."

Reflexão: O que temos a fazer perante qualquer situação angustiante é colocar tudo nas mãos de Jesus. Conversar com Ele sobre os nossos sentimentos, nossas mágoas de coisas que não foram resolvidas... desabafar. Fazer uma oração de entrega e pedir a coragem para continuar a caminhada.

Oração: Senhor, consola os doentes em seus sofrimentos, livrando-os das dores. Perdoa os seus pecados, fortalecendo-os espiritualmente. Por intercessão de Nossa Senhora da Boa Morte, atende, Senhor, nosso pedido (fazer o pedido).

Ave-Maria
Pai-nosso
Glória ao Pai
Nossa Senhora da Boa Morte, intercedei por... (fala-se o nome da pessoa doente).

5º dia

Iniciemos com fé este quinto dia de nossa novena, invocando a presença da Santíssima Trindade: em nome do Pai, do Filho e do Espírito Santo.

Leitura bíblica: Sl 139,9-10

"Se me apossar das asas da aurora e for morar nos confins do mar, também aí tua mão me conduz, tua destra me segura."

Reflexão: Se estamos vivendo uma situação de doença grave, nós ou algum ente querido, o que temos que fazer é deixar todo o sofrimento nas mãos de Jesus, orando e pedindo a Deus força e coragem para aceitação do que está para vir.

Oração: Senhor, ajuda-nos a demonstrar amor por todas as pessoas doentes, transmitindo a elas paz e tranqüilidade para enfrentarem esta fase difícil da vida. Nossa Senhora da Boa Morte, ajuda... (fala-se o nome da pessoa doente) a encontrar a paz de Cristo. Amém.

Ave-Maria
Pai-nosso
Glória ao Pai
Nossa Senhora da Boa Morte, intercedei por... (fala-se o nome da pessoa doente).

6º dia

Iniciemos com fé este sexto dia de nossa novena, invocando a presença da Santíssima Trindade: em nome do Pai, do Filho e do Espírito Santo.

Leitura do Evangelho: Lc 22,42-44

"Pai, se queres, afasta de mim este cálice; contudo, não se faça a minha vontade, mas a tua. Apareceu-lhe um anjo do céu, que o confortava. E, cheio de angústia, orava com mais insistência. Seu suor tornou-se como gotas de sangue caindo por terra."

Reflexão: O medo da morte, do desconhecido, é comum a todo ser humano. Não devemos ter receio de demonstrar nossos sentimentos na hora da morte; temos que reconhecer nossa tristeza pela provável separação, mas pedir a Deus que nos oriente nas palavras a serem ditas ao doente, mostrando-lhe que esta separação será momentânea, pois quem parte desta vida entra na vida eterna, na vida verdadeira.

Oração: Jesus, dá-nos a tua fortaleza. Não nos abandones nunca. Tu és nossa força. Nossa Senhora da Boa Morte, ajudai... (fala-se o nome da pessoa doente) a confiar em Jesus nos seus momentos finais.

Ave-Maria

Pai-nosso

Glória ao Pai

Nossa Senhora da Boa Morte, intercedei por... (fala-se o nome da pessoa doente).

7º dia

Iniciemos com fé este sétimo dia de nossa novena, invocando a presença da Santíssima Trindade: em nome do Pai, do Filho e do Espírito Santo.

Leitura do Evangelho: Jo 14,1-3

"Não se perturbe o vosso coração. Credes em Deus, crede também em mim. Na casa de meu Pai há muitas moradas. Se não fosse assim, eu vos teria dito, pois eu vou preparar-vos um lugar. Quando tiver ido e tiver preparado um lugar para vós, voltarei novamente e vos levarei comigo para que, onde eu estiver, estejais também vós."

Reflexão: "Quando tiver ido e preparado um lugar, voltarei e vos levarei comigo..." Jesus está conosco no momento da morte. Então por que ter medo? É necessário confiar em Jesus que prometeu preparar para cada um de nós um lugar na morada do Pai. Nessa fase difícil da vida Jesus está junto de todos nós.

Oração: Senhor, ajudai... (fala-se o nome da pessoa doente) a aceitar a sua realidade, sem revoltas. Ajudai-o(a) a crer nas suas promessas, a pensar na vida que vem depois da morte. Nossa Senhora da Boa Morte, iluminai-o(a) para colocar-se com confiança nas mãos do Senhor.

Ave-Maria
Pai-nosso
Glória ao Pai
Nossa Senhora da Boa Morte, intercedei por... (fala-se o nome da pessoa doente).

8º dia

Iniciemos com fé este oitavo dia de nossa novena, invocando a presença da Santíssima Trindade: em nome do Pai, do Filho e do Espírito Santo.

Leitura do Evangelho: Jo 11,33-35

"Quando viu que Maria e todos os judeus que vinham com ela estavam chorando, Jesus se comoveu profundamente. E, emocionado, perguntou: – Onde o pusestes? – Senhor, vem ver – disseram-lhe. Jesus começou a chorar."

Reflexão: Jesus chorou... Ele chorou como nós choramos ao perder uma pessoa querida. Mas o que temos que fazer é reagir através da nossa fé, ter a certeza de que existe algo melhor além da vida aqui na Terra.

Oração: Senhor, ajudai os enfermos a encontrar a paz e o sentido da vida. Nossa Senhora da Boa Morte, ajudai... (fala-se o nome da pessoa doente) a aceitar que a morte faz parte da caminhada humana.

Ave-Maria
Pai-nosso
Glória ao Pai
Nossa Senhora da Boa Morte, intercedei por... (fala-se o nome da pessoa doente).

9º dia

Iniciemos com fé este último dia de nossa novena, invocando a presença da Santíssima Trindade: em nome do Pai, do Filho e do Espírito Santo.

Leitura bíblica: Jó 1,21

"Nu saí do ventre de minha mãe, nu para lá hei de voltar. O Senhor deu, o Senhor tirou; bendito seja o nome do Senhor!"

Reflexão: A fé é muito importante em nossa vida. Através dela aceitamos tudo que faz parte da vida dos seres humanos, como a doença e a morte. É preciso sempre pedir a Deus que aumente cada vez mais a nossa fé.

Oração: Senhor, confio em ti de todo o meu coração. Agradeço por tudo que recebi até hoje de ti. Ajuda-me a aceitar os sofrimentos. Aumenta a minha fé e, por intermédio de Nossa Senhora da Boa Morte, peço-te por... (fala-se o nome da pessoa doente) para que ele(ela) mantenha a fé e a confiança em ti.

Ave-Maria

Pai-nosso

Glória ao Pai

Nossa Senhora da Boa Morte, intercedei por... (fala-se o nome da pessoa doente).

4

ORAÇÃO A NOSSA SENHORA
DA BOA MORTE

Nossa Senhora, nossa mãe divina, precisamos de vosso auxílio e proteção mais uma vez. Vós que sofrestes a grande dor de perder vosso Filho, fazei-nos resignados perante os desígnios de Deus, ajudai-nos a descobrir o sentido da vida e da morte. Ajudai-nos a ter fé, a conversar com Deus e a escutá-lo.

Ó querida mãe, abri vossos braços e abraçai... (fala-se o nome do enfermo) e concedei-lhe uma morte iluminada por Deus. Pedi a Deus que perdoe todas as suas faltas e seja misericordioso, socorrendo-o(a) na passagem para a vida eterna. Fazei-o(a) merecedor(a) da vida eterna junto a vós e a Jesus, seu filho amado.

Nossa Senhora da Boa Morte, peço-vos a graça de nos dar a força necessária para assumir, com amor, as horas difíceis a serem enfrentadas, aceitando a vontade de Deus, seus desígnios eternos e impenetráveis. Amém.

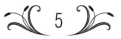

LADAINHA DE NOSSA SENHORA DA BOA MORTE

Senhor, tende piedade de nós.
Jesus Cristo, tende piedade de nós.
Senhor, tende piedade de nós.

Jesus Cristo, escutai-nos.
Jesus Cristo, atendei-nos.

Pai celeste, que sois Deus, tende piedade de nós.
Deus Filho, Redentor do mundo, tende piedade de nós.
Deus Espírito Santo, tende piedade de nós.
Santíssima Trindade, que sois um só Deus, tende piedade de nós.

Santa Maria, mãe de Deus, rogai por nós agora e na hora de nossa morte.
Nossa Senhora, mãe do bom conselho, rogai por nós agora e na hora de nossa morte.

Nossa Senhora, mãe do perpétuo socorro, rogai por nós agora e na hora de nossa morte.

Nossa Senhora, mãe e refúgio dos enfermos, rogai por nós agora e na hora de nossa morte.

Nossa Senhora, saúde dos enfermos, rogai por nós agora e na hora de nossa morte.

Nossa Senhora, consoladora dos aflitos, rogai por nós agora e na hora de nossa morte.

Nossa Senhora, mãe das dores, rogai por nós agora e na hora de nossa morte.

Nossa Senhora, mãe que sempre serviu ao próximo, rogai por nós agora e na hora de nossa morte.

Nossa Senhora, que colocou acima de tudo a glória de Deus, rogai por nós agora e na hora de nossa morte.

Nossa Senhora, mãe da bondade e esperança, rogai por nós agora e na hora de nossa morte.

Nossa Senhora, que soube aceitar o sofrimento de Jesus, rogai por nós agora e na hora de nossa morte.

Nossa Senhora, que sempre manifestou seu amor por nós, rogai por nós agora e na hora de nossa morte.

Nossa Senhora, que foi levada ao céu, rogai por nós agora e na hora de nossa morte.

Nossa Senhora, rainha do céu e da terra, rogai por nós agora e na hora de nossa morte.

Nossa Senhora, sempre disposta a nos escutar, rogai por nós agora e na hora de nossa morte.

Nossa Senhora, que pusestes vossa vontade nas mãos de Deus, rogai por nós agora e na hora de nossa morte.

Nossa Senhora, visitadora dos doentes, rogai por nós agora e na hora de nossa morte.

Nossa Senhora, que fizestes do sofrimento oração, rogai por nós agora e na hora de nossa morte.

Nossa Senhora, que nunca desesperastes, rogai por nós agora e na hora de nossa morte.

Nossa Senhora, que nunca revoltastes, rogai por nós agora e na hora de nossa morte.

Nossa Senhora, que confiastes sempre em Deus, rogai por nós agora e na hora de nossa morte.

Nossa Senhora, que, na descida do Espírito Santo, estivestes presente junto aos apóstolos, rogai por nós agora e na hora de nossa morte.

Nossa Senhora, mãe caridosa, rogai por nós agora e na hora de nossa morte.

Nossa Senhora, Rainha da Paz, rogai por nós agora e na hora de nossa morte.

Nossa Senhora, que não nos abandonará nos momentos finais de nossa vida terrena, rogai por nós agora e na hora de nossa morte.

Nossa Senhora da Boa Morte, rogai por nós.

Cordeiro de Deus, que tirais os pecados do mundo,

perdoai-nos, Senhor.

Cordeiro de Deus, que tirais os pecados do mundo,

atendei-nos, Senhor.

Cordeiro de Deus, que tirais os pecados do mundo,

tende piedade de nós, Senhor.

Jesus Cristo, ouvi-nos.

Jesus Cristo, atendei-nos.

Rogai por nós, Nossa Senhora da Boa Morte. Para que sejamos dignos das promessas de Cristo.